選ばれる園になるための
小学校までに
育ってほしい学びの姿

編著／相澤妙子・谷口康子

監修／柴田豊幸

株式会社チャイルド社

はじめに

　「幼稚園教育要領」「保育所保育指針」「幼保連携型認定こども園教育・保育要領」が同時に改定・改正され、平成 30 年度から施行されます。文部科学省・厚生労働省・内閣府の三省庁が足並みをそろえ、情報共有をしながら作業を進めるという状況に、教育の大きな流れが変革のときを迎えていることを感じずにはいられません。

　今回の改定・改正では、幼稚園・保育所・認定こども園が小学校との円滑な接続を見据えたうえで、「幼児期の終わりまでに育ってほしい姿」が示されました。将来の望ましい姿が明確に打ち出されたことで、子ども本来の成長が軽視されるものであってはなりません。幼児期の生活や遊びの内容が、小学校での学びの内容に合わせて操作されるものではないのは当然です。就学前に育んできた習慣や態度、さまざまな力が、小学校の生活や学習へと引き継がれていくのです。

　こうした立場で、幼児期の生活を見直そうとしたとき、方向性は確かになってきたものの、具体的活動内容については各園に任されたままなのが現状です。この課題は同時に、園としてどのような教育内容をどう実施しているか、どのような子どもが育っているか、独自性を明確に打ち出すよい機会といえるでしょう。こうした園こそが、保護者に「選ばれる園」であり、選ばれるべき園だと考えます。

　そこで、本書では、小学校との円滑な接続をはかり、幼児期の園生活をどうとらえていけばよいのか、保育者は小学校入学までに何をどのように育てていけばよいのか、「就学準備」として、具体的場面で役立つような実践例を紹介しながらまとめました。

序章では、幼児期の生活や遊びのなかで「就学準備」をどうとらえるか、小学校入学直後の問題も考察しながら考えていきます。

　1章と2章では、就学前に育てていきたい態度や力について、「就学準備」の大きな2本の柱を説明しています。また、保育現場を想定して、具体的な実践例を紹介しています。

　3章は、「就学準備」にあたり、保育者の立場での心構えを16の項目にわたりあげました。4章は、園長や主任などの立場から、園として取り組む姿勢をとりあげました。

　今、小学校との接続を意識し、教育内容を見直そうとしている貴園にとって、本書が、具体的実践に踏み出すきっかけとなり、「選ばれる園」になるための一助となれば幸いです。

　また、園内研修のテキストとしてお役に立つように、具体例と実践のポイントをくわしく載せております。ぜひご活用ください。

柴田豊幸

目次 選ばれる園になるための 小学校までに育ってほしい学びの姿

1章 就学前に身につけたい「学びに向かう力」

2章 小学校での学習の土台になる「学びにつながる基礎力」

3章 保育者の心構え

4章 園としての取り組み

序
章

就学準備を園で
おこなうということ

就学準備とは

●「生活」や「遊び」のなかで育つ

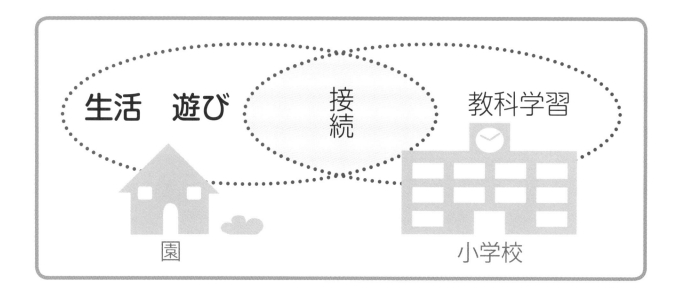

　幼児にとっての「遊び」が「生活」そのものであることは、幼児教育を考える基礎として広く浸透してきました。この「遊び」が、幼児期の成長の土壌となり、栄養となり、「学び」そのものになっていると考えます。

　社会情勢がさまざまな変化を見せるなか、将来に向けて生きて働く力を培っていこうとするのが我々の願いであり、教育の目的であり、保育者の大事な役割です。ですから保育者は、子どもの「遊び」が充実し、発展するにはどうすればよいかを考える必要があります。

　子どもたちがいきいきと環境にかかわり、楽しさを見つけ、広げ、試行錯誤をくり返すなかで、心を躍らせたりやり遂げる喜びを感じ取ったりする。こういった場面を積み重ねていくことで「学び」に向けての態度や心、力が育まれていくのです。

　こうした成長の姿が、小学校での「学び」に向けての自然な接続を支えます。充実した「遊び」を保障することが就学準備となるのです。

● 人格形成の基礎づくり

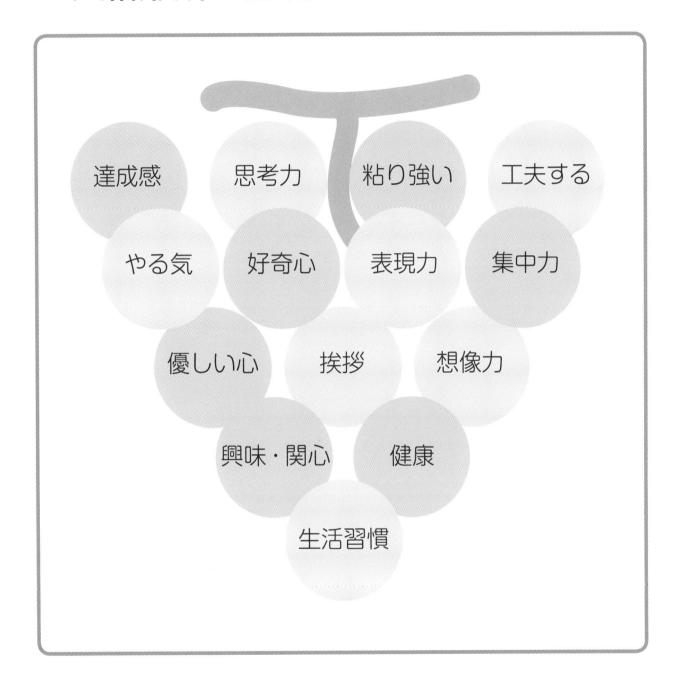

　「学びに向かう力」として大切なこれらの力は、一人ひとりが個性を豊かに
育んでいく力にもなっていくものです。さまざまな力が一つに連なりどう成長
していくのか、その子なりの育ちを見守りながら、どの力も大切にしていきま
す。これらが、人間性を豊かにし、成長を支える力となっていくはずです。

● 入園時から始まる就学準備

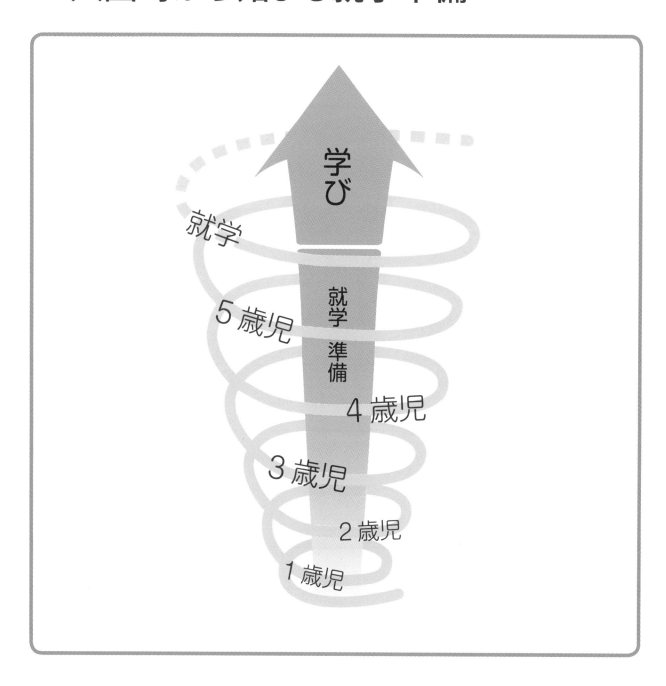

就学準備は、5歳児になっていきなり始まるものではありません。前項であげた「学びに向かう力」は、1年で達成するものでもありません。

園においては、入園から日々の経験が学びに向けての成長の姿となってあらわれるのです。

column

就学前教育の重要性
―学習意欲、忍耐強さ、やり抜く力を伸ばす非認知的能力―

　幼児期における教育が子どものその後の人生に大きく影響することは、多くの研究結果からはっきりしています。

　1960年代にアメリカでおこなわれた「ペリー就学前計画」は、経済的に恵まれない3歳から4歳の子どもを対象に、「就学前教育」を実施した子どもと実施しなかった子どもをそれぞれ40年にわたり、追跡調査したものです。

　その結果、10歳の時点ではIQの差はみられませんでした。しかし、さらにその後の調査で「就学前教育」を受けた子どもたちは、高校卒業率、持ち家率や平均所得が高く、逮捕歴が低いという結果が出たのです。

　この研究結果で注目されたことは、学力以外の能力（非認知的能力）です。就学前教育により、学習意欲、忍耐強さ、やり抜く力、自制心や協調性など目に見えない能力が育ち、社会的成功につながっていると考えられるようになりました。

小学校との連続性を意識して

● 園と小学校の違い

園	小学校
方向目標 「感じる」「楽しむ」などの 方向づけを重視	**到達目標** 「〜できるようにする」といった 目標への到達を重視
経験カリキュラム 一人ひとりの生活や経験を重視	**教科カリキュラム** 学問の体系を重視
総合的な活動 保育者が「遊び」を通して 幼児の活動を方向づける	**教科学習** 教科などの目標・内容に沿って、 選択された教材によって教育が展開
個人、友だち、小集団	学級、学年

　「幼稚園教育要領」「保育所保育指針」「幼稚園教育要領、幼保連携型認定こども園教育・保育要領」と、小学校の「学習指導要領」は、その表現方法が異なっています。園では態度や心の育ちなど抽象的な表現で示されていることが、小学校では、いつまでにどのように伸ばすかが具体的に示されています。

●小学校で起こっていること

問題行動 → 小1プロブレム

● 授業中に立ち歩く

● 先生の話を聞かない

● 自分をコントロールできない

● よい姿勢を保つことができない

　「小1プロブレム」とは、小学校1年生の児童が学校生活に適応できないために起こす問題行動を指します。こうした問題行動の背景には、園と小学校の教育システムの違いがあります（左ページ参照）。園では子どもの興味・関心に基づいて必要な空間、時間などの環境が整えられていきますが、小学校では学習や生活は、時間割や教科書、教師主導の指導によって進められています。そのため、小学校入学直後の子どもが混乱してしまうのです。

● 幼児期の終わりまでに育ってほしい姿

平成30年度改定「幼稚園教育要領」「保育所保育指針」「幼保連携型認定こども園教育・保育要領」より

健康な心と体

幼稚園（保育所）生活のなかで、充実感をもって自分のやりたいことに向かって心と体を十分に働かせ、見通しをもって行動し、自ら健康で安全な生活をつくり出すようになる。

道徳性・規範意識の芽生え

友だちとさまざまな体験を重ねるなかで、してよいことや悪いことがわかり、自分の行動をふり返ったり、友だちの気持ちに共感したりし、相手の立場に立って行動するようになる。また、きまりを守る必要性がわかり、自分の気持ちを調整し、友だちと折り合いをつけながら、きまりをつくったり守ったりするようになる。

思考力の芽生え

身近な事象に積極的にかかわるなかで、物の性質や仕組みなどを感じ取ったり、気づいたりし、考えたり、予想したり、工夫したりするなど、多様なかかわりを楽しむようになる。また、友だちのさまざまな考えにふれるなかで、自分と異なる考えがあることに気づき、自ら判断したり、考え直したりするなど、新しい考えを生み出す喜びを味わいながら、自分の考えをよりよいものにするようになる。

言葉による伝え合い

先生や友だちと心を通わせるなかで、絵本や物語などに親しみながら、豊かな言葉や表現を身につけ、経験したことや考えたことなどを言葉で伝えたり、相手の話を注意して聞いたりし、言葉による伝え合いを楽しむようになる。

自立心

身近な環境に主体的にかかわりさまざまな活動を楽しむなかで、しなければならないことを自覚し、自分の力でおこなうために考えたり、工夫したりしながら、あきらめずにやり遂げることで達成感を味わい、自信をもって行動するようになる。

幼児期の終わりまでに育ってほしい姿

自然とのかかわり・生命尊重

自然にふれて感動する体験を通して、自然の変化などを感じ取り、好奇心や探究心をもって考え言葉などで表現しながら、身近な事象への関心が高まるとともに、自然への愛情や畏敬の念をもつようになる。また、身近な動植物に心を動かされるなかで、生命の不思議さや尊さに気づき、身近な動植物への接し方を考え、命あるものとしていたわり、大切にする気持ちをもってかかわるようになる。

豊かな感性と表現

心を動かす出来事などにふれ感性を働かせるなかで、さまざまな素材の特徴や表現の仕方などに気づき、感じたことや考えたことを自分で表現したり、友だち同士で表現する過程を楽しんだりし、表現する喜びを味わい、意欲をもつようになる。

協同性

友だちとかかわるなかで、互いの思いや考えなどを共有し、共通の目的の実現に向けて、考えたり、工夫したり、協力したりし、充実感をもってやり遂げるようになる。

社会生活とのかかわり

家族を大切にしようとする気持ちをもつとともに、地域の身近な人とふれ合うなかで、人との様々なかかわり方に気づき、相手の気持ちを考えてかかわり、自分が役に立つ喜びを感じ、地域に親しみをもつようになる。また、幼稚園（保育所）内外のさまざまな環境にかかわるなかで、遊びや生活に必要な情報を取り入れ、情報に基づき判断したり、情報を伝え合ったり、活用したりするなど、情報を役立てながら活動するようになるとともに、公共の施設を大切に利用するなどして、社会とのつながりなどを意識するようになる。

数量や図形、標識や文字などへの関心・感覚

遊びや生活のなかで、数量や図形、標識や文字などに親しむ体験を重ねたり、標識や文字の役割に気づいたりし、自らの必要感に基づきこれらを活用し、興味や関心、感覚をもつようになる。

● 園に期待される役割

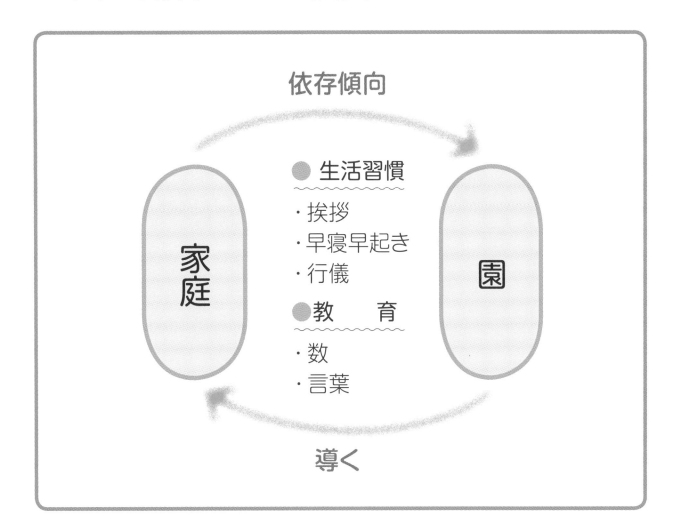

　　かつて「幼児教育」のはじめの一歩は、家庭のなかでおこなわれているもの
でした。基本的な生活習慣や挨拶、行儀はもちろんのこと、数や形の認識、文
字に対する興味なども、保護者と一対一で遊びながら家庭で身につけていたの
です。

　　しかし、時代の変化にともない、現在の家庭でそれをおこなうことは困難な
状況にあります。核家族化、少子化、女性の社会進出など、家庭や家族を取り
巻く社会状況の変化のなかで、家庭の教育もまた変化しています。

　　こうしたなかで家庭は園に依存し、園はそれに応えていかなければならない
時代になりつつあるのです。

● 「学びに向かう力」と 「学びにつながる基礎力」

　　就学準備の柱となるのは、「学びに向かう力」と「学びにつながる基礎力」
の2本です。

　「学びに向かう力」とは、態度や意識など学習に取り組む心や習慣。

　「学びにつながる基礎力」とは、教科学習の土台となる数、形、言葉などの知
識や理解のことです。

1章

就学前に身につけたい
「学びに向かう力」

挨拶

挨拶は、人とのかかわりの第一歩です。子どもたちがきちんとした挨拶ができるようにするために、まずは保育者が意識して挨拶をしてみせる必要があります。

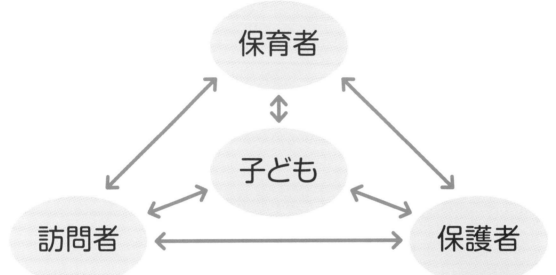

◆ いつでも、誰にでも挨拶をする

登園時や降園時、園内への訪問者と顔を合わせたときなども挨拶ができるようにしましょう。

挨拶の習慣は、一生の宝

◆ 保育者自身がきちんと挨拶をする

お辞儀の挨拶の習慣をつけるために、保育者が手本となり、園全体で取り組みましょう。

挨拶のし方

① よい姿勢で立つ

肩からまっすぐ体の脇に手を伸ばして立つ

両足のかかとをつけて立つ

◆ 保育者が「背中をまっすぐ」「ピン」などと子どものわかりやすい言葉をかけるのもよい。

◆ バランスよくまっすぐ体を保てるよう足を安定させる。

② 相手の目を見る

目を合わせる

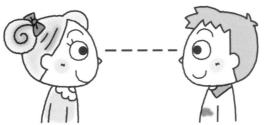

③ 心を込めてお辞儀をする

腰から上半身を倒す

◆ ていねいにお辞儀をしたあとは、ゆっくり顔を上げて、心を込めた挨拶にする。

④ 顔を上げて、相手の目を見る

もう一度、目を合わせる

聞く力

座って話を聞けるようになる3歳児ごろから身につけていきたい力です。人の話を聞く力は、学力に直結しているともいわれます。

話の途中で口をはさまない

聞く態度

話をする人のほうを向き、目を見て聞く

おしゃべりをしたり物音を立てたりせず、静かに聞く

静かにしているから聞いているとは限らない。話を聞く態度を身につけよう

◆ 自ら聞こうとするのが「聞く力」

ただ耳に入ってくることをなんとなく聞くのではなく、聞きとろう、内容を理解しようと、自ら聞こうとすることが「聞く力」です。

◆ クラス全体に向けての話も聞けるように

1対1だと話を聞くことができても、クラス全体に向けての話を自分のこととして聞いていない子もいます。その点にも注意しながら、聞く力を育てていきましょう。

● 自分にとって楽しい情報、必要感のある情報を聞く経験

聞いてよかった、意味があることだったと思える経験が、次の聞くことへの意欲と必要感につながります。

明日は
水遊びをするので、
水着とタオルを
忘れずに持ってきてね

● 聞き逃したことで困ることがわかった経験

聞いていないからといって、何度でも言ってもらえる、助けてもらえる、人がわかるように言い直してくれるといったことがあると、聞く力は身につきません。

人を頼らず、自らの必要感をもって聞こうとする意識をもつ習慣をつけます。

一度しか
話さないから、
よく聞いてね

伝える力

相手にわかってもらいたい気持ちが伝える力につながります。

幼児期

小学生

生活のなかで、まわりの大人が子どもの気持ちや様子を察して声をかけてくれたり、行動を促してくれたりすることが多い。

自分で意思を伝えて行動しなくてはならない。

伝えたいと思う気持ちが出発点

◆ 安心して伝えられる環境をつくる

否定したり、叱ったりするのではなく、まずは子どもの気持ちを受け止めることで安心できるようになります。

◆ 経験が自信となり、伝えようという気持ちにつながる

みんなの前で発表する機会をつくり、回数を重ねていくことで自信がつきます。自信がつくと、みんなに思いを伝えることが楽しいと思えるようになります。

● 伝えたいときを見逃さない

忙しいから
後でね

何かをしながら
聞くのではなく、
向かい合って目
の高さを合わせ
て、目を見て笑顔
で聞く。

Point

◆ 今言いたい、今だから
わかってもらえると
いう気持ちや状況の
タイミングを逃さな
い。

● 先取りして話してしまわない

だから、
こうしたいのね

話そうとしてい
ることは、最後ま
でしっかり聞く。

◆ 話を真剣に聞く態度
をとる。

◆ 途中でうまく話せな
いでつまってしまっ
ても、焦らせたり先を
急がせたりせず、じっ
くり待つ。

● 伝える機会をつくる

みんなの前で発表する機会をつくります。

※ 72 ページ参照。

やり遂げる力

一つのことをやり遂げるにはかなりの持続力が必要です。「最後まで」と、かんたんに声をかけないで、取り組む姿を見守ります。

「できた」
「最後までやった」
「いつの間にか
やり終えていた」

達成感

「やってみよう」

勇気と原動力

「自分はできる」

自信

最後まで
やり遂げた達成感が
自信につながる

◆ やり遂げる過程で生まれる力に注目する

　やり遂げる過程でのがんばりには、じっくり集中して取り組む力、諦めない強い心、がまんする心、どうすればいいかを考える力、冷静な心など、たくさんの力が必要です。そうした力が生まれ、生かされ、大きく育まれることが成長そのものであり、たくましさにつながっていきます。

●「やってみよう」と 踏み出す活動を用意する

　子どもが「やってみよう」と踏み出すには、楽しさや興味など心動かされることが大きな力となります。何に取り組むかが、やり遂げる力に結びつくかどうかの鍵となります。

　活動の取り組みのきっかけは、自然に出合うこともあれば、意図的に用意が必要なこともあります。いずれも「やらされる」のではなく、自分で「やってみよう」という気持ちの動きに沿ったものであるよう配慮します。

●試行錯誤できる環境を用意する

　取り組み始めたら、次は、子どもが自分の思いを試すことができる環境のなかで、自分なりのやり方で取り組めるようにします。

　途中で、停滞したり、ひらめいたり発見したりなどの瞬間があります。保育者は不用意に声をかけたり、先走った手助けをしないように気をつけます。同時に、助けが必要なときを見極め、励ましやヒントによって寄り添うことも大切です。

Point

◆ どんなおもしろさや難しさがある活動か把握しておく。

◆ それぞれの子どもの経験値はどのくらいか、何を楽しんでいるか、あるいは何が抵抗やつまずきの原因になっているかをとらえる。

◆ やり遂げたときには、たくさんほめ、ともに喜ぶ。

◆ 試行錯誤こそが本物の力となり、そこで出合う小さなひらめきや喜びが前に進む力となる。

毎日決まった時間に集まる

園での規則正しい生活に慣れていきます。

● 一定の時間、静かに座っている。

● クラス全体に向けた話を聞く。

● きちんとした挨拶をする。

● 名前を呼ばれたら「はい」と返事をする。

◆ 朝の会のすすめ

椅子に座れるようになったら、毎日決まった時間にクラス全員で集まります。

◆ 園の取り組みとしておこなう

それぞれ年齢に合った内容を工夫し、園全体の継続した取り組みにすることが大切です。保育者や学年が変わっても、入園から卒園までおこないましょう。

準備

　時間になったら、遊びをやめて片づけをし、トイレに行き、朝の会の準備をします。ピアノを弾いて、時間を知らせてもよいでしょう。

　おすすめは、椅子で円になって座ること。全員の顔が見え、座っている足の位置も確認できます。

　保育者も一緒に座ります。保育者が複数の場合は、司会の保育者以外は円に入らず、うしろに座ってすぐに動けるように待機します。

◆ しっかり座っていられないのは、体の芯がつくられていないから。正しい座り方から指導する。
※ 75 ページ参照。

◆ 保育者が複数いても、話をするのは 1 人だけ。複数が話をすると子どもが集中できない。

進め方

① 挨拶をする

　立って挨拶をします。朝の会が始まるときにピアノを弾いていた保育者も、必ず席に戻り、子どもと顔を合わせ、きちんとお辞儀をして挨拶するようにします。

> 保育者はゆっくりていねいなお辞儀を心がけます。心のなかで「1、2、3」と数え、顔を上げたら目と目を合わせましょう。

おはようございます

おはようございます

◆ 保育者は意識して子どもの手本となる必要がある。

※ 19 ページ参照。

❷ 出席をとる

　全員の名前をフルネームで正しく呼び、出席をとります。子どもは、呼ばれたら右手をまっすぐあげて「はい」と返事をします。

　出席をとる間は、静かに座って待ちます。一定の時間黙って座っている時間を毎日経験することで、習慣になっていきます。

◆ 保育者自身が明るい表情、心地よい名前の呼び方をすることで、子どもたちからも気持ちのよい挨拶や返事が返ってくる。

落ち着いた声で、一人ずつていねいに名前を呼びましょう。

〇〇 〇〇ちゃん

◆ 「はい」と返事をすることで、消極的な子どもでも声を出すことができる。

はい！

◆ どなるような声を出す子には、やさしい声で返事をするように促す。

③ 静かな環境をつくる

　保育者の話を聞いたり、子どもが話をしたりするために、静かな雰囲気をつくります。騒がしいときは「静かに！」「お話ししない！」と大きな声で言うのではなく、子どもが自分で気づいて静かになるのを待ちます。

自分で
気づいたのね

子どもが静かになるまで、保育者は子どもたちの前に堂々と立つようにします。静かになったら、落ち着いた声で話し始めましょう。

◆ 保育者が見渡しながら様子を見る。気づいた子どもには声をかけるのではなく、アイコンタクトなど笑顔で返す。

◆ 「静かにしてえらいね」などとほめるのではなく、「静かにしたね」「気づいてくれてありがとう」などと声をかける。

④ 歌をうたう

　今月の歌など、その月のねらいに合わせた歌をうたいます。

　「大きな声で」「元気よく」という強制をすると、子どもはどなるような大声を出すことがあります。「大きな声」と一緒に「きれいな声」「やさしい声」で話したりうたったりする気持ちを育てていきましょう。

保育者自身がきれいな声、やさしい声でうたうことを楽しみます。自信をもってうたいましょう。

きれいな声、
やさしい声で
うたおうね

◆ 童謡を意識して取り入れ、日本語の美しい表現や言葉を学ぼう。

しっかり口を
あけましょう。
目も大きく開いてね

◆ 前に立つ保育者の表情や楽しい雰囲気は、子どもたちに伝わりやすい。

⑤ 生活発表をする

　保育者が一方的に話すのではなく、子どもが話をする機会をつくります。

※67〜68ページ参照。

全クラスで集まる

全クラスでの集まりを通し、
公の場に通じるふるまいを経験していきます。

● あらたまった雰囲気を味わう。

● 異年齢交流の機会とする。

● （誕生会の場合）生まれてきたことを喜び合う。

◆ 異年齢児から学ぶ

　年下の子は年上の子の姿を見て憧れ、年上の子は年下の子の手本になろうとすることで、子どもは大きく成長します。また、活動がいつもと違う雰囲気になり、楽しさが生まれます。

◆ 毎月、誕生会をする

　全クラスで集まる機会を経験として積み重ねていくために、誕生会をおすすめします。一人ひとりの子どもが必ず主人公となり、祝ってもらう立場が経験できます。

準備

　○○会（誕生会・クリスマス会）の予定を伝えて「大切な日」であることを認識できるようにしておきます。そして、子どもたちがその日を楽しみに迎えるようにします。

　会場に入る前から、保育者自身も静かに落ち着いてふるまい、いつもと違う雰囲気を子どもたちに伝えていきます。

　会場にはクラシック音楽などを流し、落ち着いた環境をつくります。

Point

今日は
1月生まれの
お友だちの
誕生会ですよ

みんなでお祝いを
しましょうね

◆　保育者がエプロンをはずすことで、いつもと違う会の雰囲気になる。

◆　保護者が同席する場合は、会の雰囲気を損なわないよう、私語やむやみな撮影を控えていただくようお願いする。

進め方

① 入場する

　会場には、待ち時間を考慮して年長児から順に入場します。並んで入ってきた順番で座れるように席を整えておきます。保育者は静かな雰囲気を大切にしてできるだけ声を出さず、身ぶり手ぶりで誘導します。

◆ 全員椅子に座る。

◆ 5歳児は自分で椅子を運ぶなど、会場準備の手伝いをするのもよい。

椅子の運び方

子どもが椅子を運ぶときは、安全な運び方を指導します。

両手でしっかりと持つ

前の人にぶつけないようによく見て、間隔をとってゆっくり歩く

椅子の並べ方は保育者がそばでサポートする

② はじめの挨拶をする

はじめの挨拶を全員できちんとおこないます。ふだんよりゆっくりていねいにすることで、あらたまった雰囲気になります。

みなさん、
おはよう
ございます

保護者のみなさま、
今日はお越しいただきまして
ありがとうございます

これから
1月のお誕生会を
始めます

おたんじょうび
おめでとう

◆ たくさんの人が集まっているので、全員に語りかけるよう心がける。

❸ 進行にメリハリをつける

　子どもが集中していられる時間を考えて、会を計画します。楽しいプログラムにしましょう。

話は短めにします。担当はもちまわりにして、しっかり準備をしておこないましょう。

◆ 手遊びや歌、ペープサート、マジックなどを取り入れ、進行にメリハリをつける。

◆ 異年齢の集まりでは、伝わる言葉、手遊びの内容にも配慮が必要。

④ 終わりの挨拶をする

終わりの挨拶は、できるだけ短くしましょう。
楽しい気持ちのままで終わるようにします。

◆ いろいろな年齢の園児がいることを考えて、配慮する。

◆ 集まって楽しかったという思いをもって、各部屋に戻ることができるよう最後の締めくくりは大切にする。

それでは、
これで○○会を終わります。
立ってご挨拶をしましょう

クラスの先生の
お話を聞いて、
お部屋に戻りましょう

時間の感覚を身につける

時間を意識して行動できるように、時間の感覚を身につけます。
まずは、時計に親しむ環境をつくりましょう。

● 生活のリズムを整える。

● 時間を意識して行動する。

● 時間の感覚を体で覚える。

● 時計に親しむ。

◆ 子どもが見やすい場所に時計をかける

各部屋に時計をかけます。遠くからでも見やすいように、大きな文字盤で数字のはっきりしたものを選びます。

◆ アナログ時計を使う

デジタル時計ではなく、アナログ時計を使いましょう。時間は目に見えません。アナログ時計なら針の動きと時間の流れを結びつけて、感覚として理解していきます。

① 「今、何時」を意識して使う

保育者が時間を意識することから始めましょう。生活と時間を結びつけて話します。

12時ですね。
お昼ごはんを食べ
ましょう

◆ 「食べる」など、子どもにとって楽しい経験と時間を結びつけるとよい。

◆ 「○時○分」と言えることが目的ではない。生活のなかで時間の感覚を身につけることが大切。

3時になりました。
おやつの時間です

みんなそろいましたね。
あら、ちょうど9時だわ

❷ 時計を見ながら「○時から」「○時まで」を意識して使う

生活の時間の流れを時計と結びつけて理解していきます。「長い針」「短い針」があること、それぞれの位置が時間を表していることが理解できれば十分です。

11 時になったら外で
遊びましょう。
短い針が 11、
長い針が 12 のところね

◆ 時計の読み方を教えるだけではなく、生活のなかに根づいた言い方を心がける。

③ 時間の経過を意識する

　時間には長さがあることを理解していきます。「あと○分」という言葉で、時間の長さを感覚として身につけられるようにします。

あと5分

11時20分までね

長い針が
今3だから、
4のところに
なったらお片づけね

◆ 見てわかる針の動きを伝える。

◆ はじめは「あと5分」など短い時間から。慣れたら10分、20分と延ばす。

◆ 途中、針が約束の時間に近づいてきていることを伝えたり、気づいた子に同調したり、「もうすぐ」「近づいた」という感覚を大切にする。

❹「時間」をゲームに取り入れる

みんなで目をとじて「10秒たったと思ったら手をあげる」など、時間感覚を競うゲームを取り入れます。

目を
とじましょう

1、2、3、

1、2、3、
4…

◆ 時間の長さの感覚を楽しみながら体で覚える。

10秒たったと
思ったら、
声を出さずに
手をあげてね

◆ ストップウオッチやタイマーを使うとよい。

よーい、はじめ！

◆ 単純に「あたり」「はずれ」とゲームを楽しむ。

◆ 慣れてきたら、時間を延ばして1分間ゲームに挑戦！

小学校を意識した環境を体験する

小学校入学後、幼稚園・保育園とは違う環境に戸惑わないために、小学校を意識した環境をつくって経験する機会をもちましょう。

● 月や日付、時間を意識する。

● 机を正面に向けて座ることに慣れる。

● 一定の時間座っていられるようにする。

◆ 小学校は「楽しいところ」

　安心して小学校生活に移行できるように、環境づくりを工夫していきましょう。「知っている」「経験したことがある」といった安心感と自信が小学校への抵抗をなくし、「楽しいところ」への期待感がふくらみます。

◆ 保育者も小学校を知る

　小学校を意識した環境をつくるためには、保育者自身も小学校を知ることが大切です。地域の小学校に出かける機会があれば積極的に訪問し、環境づくりの参考にします。また、親子で散歩を兼ねて近くを通ることを保護者にすすめてみます。

❶ 月や日付、時間を意識する

　月日の変化、時間の流れなど、折にふれて感じ取っていくように声をかけます。予定を日付と照らし合わせて知らせるなど、生活にとって便利なものとして取り入れるようにしていきます。

今日は10月3日ね。3日は「みっか」と言うのよ

では明日は？そう4日ね。「よっか」と言いますよ

◆ 朝の会などで、みんなで声をそろえて日付や曜日を言う機会をつくる。

今日は火曜日ね

10月						
日	月	火	水	木	金	土
1	2	3	4	5	6	7
8	9	10	11	12	13	14
15	16	17	18	19	20	21
22	23	24	25	26	27	28
29	30	31				

10 がつ　3 にち　か ようび

◆ カレンダーは数字がはっきりしているものを選び、子どもの見やすい場所にかける。

今日の日付や曜日がわかるように表示しましょう。

❷ 上靴をはく

　小学校では、外靴と上靴をはき替える機会が多くあります。立ったままで脱ぎはきがきちんとできるとよいでしょう。かかとを踏まないようにすることなども、伝えましょう。

上靴のかかとを
踏んではく

保育中に机の下で
脱いでしまう

◆　靴のサイズがきちんと合っているかどうかは、はきやすさの大事なポイント。家族にも伝える。

❸ 机の配置を工夫する

　1週間または月に一度でもよいので、小学校のように正面を向いて座ることができるように机を配置します。

よく見える

◆　保育者自身も靴のはき方を見直すとともに靴の選び方も気をつける。

◆　子ども自身に「小学校への準備の時間」という意識が生まれ、よい緊張感とともに取り組む姿勢が変わる。

❹ 配布物の扱いを経験する

　配布物を自分で取って友だちにまわしたり、自分たちで配ったりなど、動きの流れを経験しておきましょう。

　また、配布物を受け取ったら、かばんにしまうためにきちんと折ることも覚えます。

◆ 待っていて一人ずつ配ってもらうだけとは違い、自分で用意することにつながる。

かばんに入れる大きさだから、
何回折ったらいいかな？

自分の分を１枚取ったら、
隣のお友だちにまわしてね

◆ きちんと折り、持ち帰りを意識して扱うことを知る。配布物を大切にしまう、きちんと持ち帰るという習慣につながる。

角と角を合わせて、
きちんと折りましょう

⑤ 45分間座ろう

小学校の授業時間は45分間です。10分間座って話を聞くことから始め、最終的には45分間程度、座っていられるようにしましょう。

今日はみんな一緒に
鉛筆で書いて
みましょう

きちんと座って
いられましたね

◆ 朝の会、保育者からの大切なお知らせ等々の機会をとらえ、着席して取り組む習慣を大切にする。

◆ お絵かきや折り紙など、日頃の保育内容で取り組む。

◆ きちんと座って取り組めたときには「よく頑張った」と、しっかりほめる。

⑥ 保育者も工夫する

決めた時間を守る
「小学校準備の時間」は、楽しく盛り上がったり予定どおりに進まなくても、はじめに決めた時間を守ります。

時間に
なったから
今日は
おしまいね

もっとやりたいかもしれないけれど、
次のお楽しみにしましょうね

◆ 決められたことを守って、自分たちの行動をそれに合わせることも大事な経験。

◆ ほかのクラスの担任など、いつもの保育者以外に担当してもらうのもよい試み。

服装に変化をつける
「小学校準備の時間」には、ふだんの保育とは違う服装にしてみます。いつもエプロンをしているなら外す、いつもズボン姿ならスカートをはくなど、「いつもと違う」イメージにします。

◆ 同じ保育室であっても保育者の服装が違うことで子どもたちの意識が変わる。

保育者が複数の場合の注意点

　複数担任の場合や担任のほかに活動に応じて保育者が加わった場合には、活動の説明をしたり指示を出したりするリーダーを決めておきましょう。1人の保育者だけがおこなうということです。

　具体的には、子どもの前に立って話をするのはリーダー1人です。ほかの保育者は、子どものうしろや横に控えます。そして、基本的に大きな声は出さず、子どもたちに目立たないようにします。前に立つリーダーに集中できるようにサポートすることが大切です。あちらこちらから指示が出ると、子どもは気が散ってしまいます。

　複数の保育者で保育にあたることのよさは、子ども全員に目が行き届きやすいことです。よそ見をしているときには、寄り添って前を向くよう促したり、話の内容が理解できない子には小さな声で説明したりなど、きめ細かに対応することが可能です。

　保育者同士がよく打ち合わせをして、連携をとることが大切です。

　小学校では、前に立つ先生は1人です。その先生に注目して話を聞くことを身につけることが重要です。

2章

小学校での学習の土台になる
「学びにつながる 基礎力」

数の理解

就学前に理解してほしい「数」は、「数字」ではなく「数量」。
数にふれながら経験することで理解していきます。

● 数を順序よく唱える。

● 実際の物を正しく数える。

● 物の総数と数字が一致する。

● 数のおもしろさにふれる。

● 自分で数を操作することに慣れる。

◆ 数を順に言えること、数字が読めることで安心しない

1から10までの数字を読める、唱えられるからといって「数」を理解しているとは限らないことに注意しましょう。

◆ 生活のなかでの数にふれる

生活のなかには、数につながる物や現象がたくさんあります。折り紙を1枚取る、落ち葉を拾ったら5枚あった、縄跳びの回数を数えながら跳んだ等々。実体験のなかで数を感じ取ることが「数」にふれる出発点です。

生活のなかで数を意識する

　数とのふれあいの場が生活のあちこちにあります。数に意識を向けてみることで、数への親しみ、正しいとらえ方、さらには使ってみようとする意欲などを育てます。

折り紙を1枚

もう1枚

2枚に
なったね

1枚のお皿に
1個ずつパンを
のせてね

お皿が3枚
だからパンは
3個だね

◆ 日常の会話のなかで、「数」に意識を向けていく。

◆ ○個、○人、○匹など、保育者が正しく使い分ける。

　そのほか、バリエーションとして「1つのテーブルに4つ椅子を並べてね」「今8ページめまで読んだよ。次は何ページかな」「自転車にはタイヤが2個あるね、車にはいくつあるかな」など、さまざまな場面で数を意識させましょう。

数のゲームをしよう

遊びを通して、数の理解を進めます。

● 信号ゲーム

保育者が手拍子をし、「どうぞ」の合図で、子どもが同じ数だけ手拍子を返します。ゆっくりとした速さでテンポよくやりとりしましょう。

◆ 全員の視線が集まり、集中して聞く用意ができたころを見計らう。

みんなで
そろえて
たたきましょう

パチ
パチ

どうぞ

パチ
パチ

◆ 保育者が手をたたいている間は、声を出さず、よく見てよく聞くことを促す。

よく耳をすませて
聞いていたね

◆ たたく数を数えるときは、できるだけ小さな声、あるいは心のなかで数えるなど、まわりの友だちの妨げにならないように伝える。

ときには、たたくふりをしてたたかないことも楽しい変化です。集中力を高める演出になります。

● 仲よしゲーム

　保育者の指示する数で、その人数のグループをつくります。グループをつくることで、数を体で感じ取っていく経験になります。また、「あと何人必要」「1人多すぎる」「1人足りない」など、数を比較してとらえる経験にもなります。

① 音楽やピアノのリズムに合わせ、リズムにのって、みんなで輪になって歩きます。

② 保育者の合図でその場に止まります。保育者が数の指示を出したら、その人数で集まり、そろったらその場に座ります。

2人組になった
お友だちは
座りましょう

まだ立っている
お友だちが、
仲間を探している人よ

2

◆ 手を上にあげて数を示すほか、数を言葉で伝える、その数分手をたたくなど、アレンジしてもよい。

◆ グループがつくれなかった子どもたちには、あと何人必要だったかを聞いてみる。

● トランプ

トランプは、4つのマークと数字と絵で1〜13までの数が表記され、10まではマークが表記の数だけ描かれているのが特徴です。数に興味をもち始めた子どもにとっては、マークの数が手がかりになるため、数に親しみ、理解していくのに格好の教材となります。1〜10のカードを利用しましょう。

［数の順番に並べる］

① ハートのマーク（1〜10）だけ用意し、カードを配ります。

② 1（エース）を持っている子どもから順番に並べていきます。

Point

◆ 人数が多い場合は、ほかのマークも使ってグループに分かれてもよい。

◆ 速さよりも間違いなく並べることが大事だと伝える。

自分のカードの順番が来たら並べてね

きれいにそろっていくね

順番は合っているかな？

3、4

8、9、10でき上がり

［マークごとに順番に並べる］

グループごとにトランプを用意し、4つのマークの1〜10までのカードを使います。

① 4つのマーク（1〜10）を用意し、同じ枚数ずつ配ります。

② 1（エース）を持っている子どもは、そのカードを机に出して1列に並べます。

③ 1人ずつ順番にカードを1枚並べていきます。「七並べ」の要領で、マークごと1〜10まで順番に並べていきます。順番がきても出すカードがない場合は「パス」と言って1回休み、次の人にまわします。

◆ カードを配ることから、子どもたちに任せてみる。

> ハートは7まで
> 並んでいるね。
> ハートの8が
> 出せるよ

> スペードの9、
> だれか
> あるかな？

> パス！
> 休みます

> あ、
> 次に出せる

◆ 数字とマークの2つの条件に気をつけながら順番を考えることは難しいが、慣れてくると楽しさにつながる。

◆ すべてが並べられると、達成感が得られるとともに、数の楽しさが味わえる。

形

形に対する認識は、もって生まれたものではありません。
生活をしているなかで、いろいろな形に出合ってふれることで理解していきます。

● 生活のなかにある物を形としてイメージする。

● 形の変化を楽しむ。

● 自分で形をつくる喜びを知る。

◆ 身のまわりの物を形としてとらえる

形を大きさのかたまりととらえるのではなく、形として意識していきます。

◆ いろいろな形を知る

形にたくさんふれることで、特徴や違いに気づいていきます。

◆ 形を作る楽しさを知る

表現したり作ったり組み合わせたり、さまざまにふれあうことで、より理解が深まっていきます。

形を探してみよう

形を見ながら、みんなで似た形を探しましょう。

準備 色画用紙を大きな形に切る。

 丸（まる） 三角（さんかく） 真四角（ましかく） 長四角（ながしかく）

① 最初にそれぞれの形の名称を確認しましょう。

② 丸の形を見せながら、部屋のなかを見まわして、
　同じ形を探します。

◆ 子どものとらえた形をそのまま受け止める。

◆ 子どもの発言は聞き逃さない。言葉にしてくり返すなど「聞いているよ」の合図をおくる。

③ 部屋になくても知っている丸いものを発表します。

④ 同様に三角、真四角、長四角もおこないます。

体で形を表現してみよう

広いスペースをつくっておこないます。体を使って形を楽しく表現しましょう。

か〜たち、かたち、
ど〜んなかたち？

さんかく！

さ・ん・か・く

◆ 友だちと一緒に形をつくるなど、バリエーションを楽しむ。

同様に丸、四角などもおこないます。

形を空中に描いてみよう

空中に指で大きく形を描いてみます。丸、三角、四角を描いてみましょう。

声の大きさや体の動きに変化をつけて、形や大小の違いを表現する。

形をクレヨンで描いてみよう

クレヨンで、画用紙に丸を描きます。大きな丸、小さな丸、たくさん描いてみましょう。

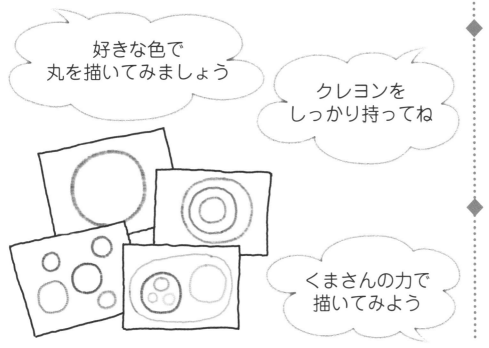

筆圧を強くしっかりした線で描くように促す。

反対の手を机の上に出して、しっかり画用紙を押さえるように声をかける。

折り紙で形の変化を楽しむ

折り紙は、ORIGAMI（おりがみ）という言葉で世界的にも通用する日本の文化です。折り紙さえあればどこでも、形の変化を楽しむことができます。

簡単なものから始められるので、年齢に応じて無理なく取り組めるのも魅力です。集中力がつき、でき上がったときの達成感を味わうことができます。積極的に取り組んでほしい教材です。

約束
- 角合わせ・辺合わせは
  きちんとそろえて折る。
- 折り筋をきっちりつける。
- 必ず最後まで仕上げる。

きちんと端をそろえて折ることを最初にしっかり教える。

端と端を
きちんと
合わせましょう

色紙の
白いところが
はみ出して
見えないかしら？

指導上の注意点
・たくさんの子どもに指導する方法を考え、平等に伝わるよう工夫する。
・後に影響が出る箇所は、手を貸して修正する。
・わからないとき、できないときは一緒に仕上げる。

指導方法
・見本を見せながら、一緒に折る。
・折り方を貼り出す。または、各自が本を見ながら自分のペースで進める。

Point

子どもとの大切なふれあいの場面にする。

まずは簡単なものから始めて、たくさんの経験を積む。

立方体を作ってみよう

折り紙の経験が十分にできたら、立体にもチャレンジしてみましょう。（目安：5歳児1月）

準備 折り紙
3色×2枚 （1人に6枚）

取り組み時間 45分

ユニットを6枚作ります。最初～2枚目までは、見本を示しながら、一緒にゆっくり。3枚目は、全体を見まわしながら、言葉で説明をしたり、わからない場合は、子どものそばに行って寄り添い、保育者も折りながら、一緒に進めていきます。

折り方

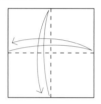

❶横に半分に折り、しっかり折り目をつけて開く。縦に半分に折り、しっかり折り目をつけて開く。

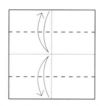

❷中央の横線まで、上下を折って、しっかり折り目をつけて開く。

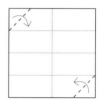

❸左上と右下の角を小さく三角に折り、しっかり折り目をつける。

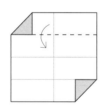

❹上の線を折る。

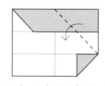

❺右の上の角を大きく三角に折る。

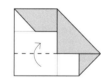

❻下の線で折る。

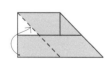

❼左下の角を大きく三角に折り、中に差し込む。

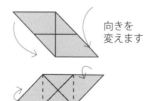

向きを
変えます

❽点線でしっかり折り目をつける。四角になるように後ろに折り返す。

❾ユニットのできあがり。全部で6個作る。

ユニットを6枚組み合わせて、立方体に仕上げます。はじめの組み立ては保育者が手伝ってもよいが、最後の差し込みは自分でおこなうようにすると達成感につながります。

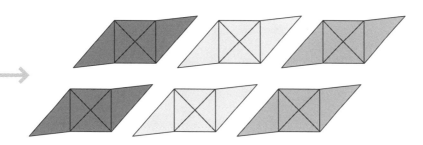

組み方

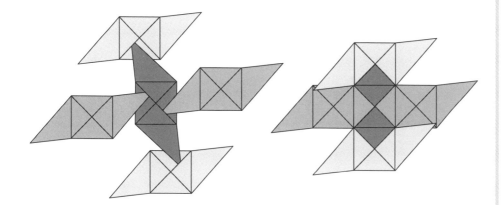

❶図のように差し込む。　　　　❷図のように差し込む。

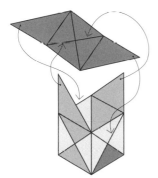

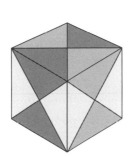

❸図のように差し込む。　　　　立方体のでき上がり。

① 活動に入る前に、保育者ができるようにしておく。

② ユニットをきちんと折らないと、きれいに組み立てられないことを伝える。

③ ユニットは6個が同じ形のものかどうかを確認する。

④ ほとんどの子どもは、最初からひとりでは組み立てられない。保育者が手を添えて組み立てるが、必ず最後の差し込みは子どもにさせ、達成感をもてるようにする。

⑤ 難しくてもくり返すうちにできるようになる。難しいことができるようになったときの達成感が大きいので、くり返すことを大事にする。

参考
『読書で身につく！図形のお話（なぜだろうなぜかしら）』
（中田寿幸・著／実業之日本社）

言葉

この時期にたくさんの言葉や正しい言葉にふれることで、
語彙が増え、表現が豊かになります。

● 言葉遊びを通して、言葉への興味と関心をもつ。

● いろいろな言葉とその意味を知る。

● 自分で言葉を使うことを楽しむ。

● 言葉を正しく発音する。

● 書き言葉に慣れる。

◆ 会話を通して語彙を増やす

　大人が正しい言葉で話をつないだり、たくさん話したりすることで、子ども
は言葉を吸収し、語彙数を増やしていきます。会話の機会を大切にしていきま
しょう。

◆ 言葉の環境を大切にする

　目にする文字、聞こえる言葉、絵本などの言葉の環境を大切にします。とく
に本の読み聞かせは、言葉を耳で聞き取ってイメージする力がふくらむほか、
書き言葉にふれるよい機会となります。

話のやりとり

　テーマをもって質問し、みんなが順番に答えていくことで一人ひとり発言する機会をつくります。

　機会をたびたびもつことで、恥ずかしがらないで自分の思ったことを話す、堂々と言うことができるなど、抵抗なく表現できるようになります。

　保育者や友だちとのやりとりのなかで、知らない言葉にふれることもできます。

◆ 朝の会の時間、みんながそろうのを待つ時間など、ちょっとした時間を上手に使うとよい。

❶ 自分のことを話す

　誰もが関心のあること、実際にしたことを手がかりに、お話を発表します。伝えたいことがみんなに伝わることやきちんと言えたことが次の意欲につながります。

好きな食べ物は、
なあに？

昨日は何をして
遊んだの？

② インタビューに答える

子どもたちが答えやすい「テーマ」を見つけ、発言の機会をつくります。

自分の知識を披露することも大きな喜びとなります。友だちの発言を聞いて「同じだった」「同じことを思いついていた」ということを意思表示できることも大切です。

緑の野菜、知っているかな？

ピーマンです

Point

※ 72 〜 73 ページ参照。

◆（質問例）
・お名前を教えて。
・お誕生日は何月ですか？
・朝はどうやって園に来ましたか？

◆ 食べ物はとても身近で関心のあるテーマ。子どもが思い浮かべやすい。
（テーマ例）
・赤いくだもの
・好きなおやつ
・朝ごはん

◆「昨日は何をして遊んだの？」のヒント（話を聞く糸口）
（例）
「誰と遊んだのかな」
「どこで遊んだのかなあ」

言葉遊びを楽しむ

「○」のつく言葉を探そう

保育者の歌のリードにのせて、順番に答えていきます。手拍子も添えて歌うと、さらに楽しくなります。

◆ バスの中などで楽しむのもよい。

♪あ、あ、あ、あ、あのつく言葉

あ〜め

あひる！

♪か、か、か、か、かのつく言葉

かたつむり！

か〜さ

読み聞かせ

　読み聞かせは、書き言葉にふれる貴重な経験の一つになります。また、耳で言葉を聞くことで想像を広げる経験もできます。さらに、たくさんの言葉や情報を得る機会にもなります。

　本の選択は季節や行事に応じたもののほか、昔話も積極的に取り入れましょう。

「読み聞かせ」に使った絵本を、「自分たちでも見たい」「読みたい」という子どもの気持ちに応えられるよう、絵本コーナーを工夫しましょう。

● はっきりゆっくり
　間をとって読む。

● 指が絵に
　あまりかからない
　ようにする。

● 本の角度に
　気をつける。

● 子どもの目線を考え、低い位置に。

◆ 大好きな保育者に読み聞かせをしてもらうのは心が落ち着く大切な時間。

◆ 知らない世界、身近ではないものに興味をもち、想像を広げることも大切。

お話の実演

お話の一場面（あるいは全場面）を実演します。みんなで役割を決めて、動きやセリフを楽しみます。長い場面でなくても、「行ってきま〜す」「行ってらっしゃーい」など、簡単なかけ合いも楽しいものです。

まだまだカブは抜けません！

うんとこしょ！どっこいしょ！

◆ お話の山場や最後の楽しいところなど、短い場面から経験する。

◆ 発表会の劇や歌の発表に発展させるきっかけにしてもよい。

◆ 子どもたちのやりたい役、言ってみたい台詞でおこなう。

先へ先へと誘導せず、子どもたちの気持ちにゆだねましょう。
タイミングを合わせる場面では、保育者が、「声をそろえて」「さん、ハイ」などと声をかけます。

発表する

　まずは簡単な質問から1人ずつ答える経験を重ね、人前で発表できるようにしていきます。

丸い形のものを探してみましょう。みんなに順番に聞くので、声に出さず、心のなかで思っていてね

Point

子どもたちが自分で
考える時間をつくる。

自分がその形だと思ったら、
それでいいのよ

たくさん思いついても、一つだけ選んでね

考えたものをもしお友だちが先に言ってしまっても、心配しないで大丈夫です。同じでも、自分で考えたものを自信をもって教えてね

思いつかなかったら、「考え中です」と言ってね。あとで思いついたら、教えてね

お友だちが発表しているときは、「何を言うのかな」と静かにしてよく聞きましょう

ボタンです

それでは、順番に立ってお話ししてください

Point

最初から声の大きさを求めない。まずは、立って言おうとすることが大切。

鉛筆を持って書く

小学校では、毎日のように鉛筆で字を書きます。
書くことは学習の中心であるほか、家庭への伝達手段としても重要です。幼児のうちから、正しく書くことを身につけます。

●正しい姿勢で書く。

●正しい鉛筆の持ち方を知る。

●正しい書き順で書く。

◆ 書きたいという気持ちが出発点

　何かを書いて伝えたい、何かを書き表したいという気持ちが起きたときが、書くことを学ぶ出発点です。一人ひとりタイミングは異なりますが、友だちに刺激を受けることもあります。

◆ 言葉の経験が書くことにつながる

　話す・聞く・読むといった言葉の経験が、書くことに興味をもつきっかけになります。言葉の経験が豊かであればあるほど、書くことへの意欲も増していくでしょう。

正しい姿勢をとる

　正しい姿勢をとると、バランスよく体を使って書くことができます。文字をよく見ることができ、全体の形がとらえやすくなります。

　正しい姿勢やその大切な意味を背中、足、おなかなどの部分ごとに伝えていきましょう。

♪お背中ピン

机とおなかの間を
グーの形1個分くらいあける。

椅子に腰かけ、
背中をまっすぐに
伸ばす。

♪おなかはグー1個

書く場所が
体の正面に
来るように

鉛筆を
持たないほうの手で
やさしく紙を
押さえる。

手を添えて

♪足トントン

足はまっすぐおろして、
足の裏全体が床につくようにする。

◆ 正しい姿勢は、楽な姿勢でもある。こうした姿勢は書くときだけでなく、話を聞く、作業をする、絵を描く、食事をするなど、さまざまな場面でも共通する。

◆ 一度姿勢を整えても、時間の経過や、ほかの注意点に気をとられていると忘れてしまいがち。正しい姿勢が定着するまでは、その都度声をかけて直すようにする。

正しい鉛筆の持ち方

　鉛筆の正しい持ち方を知らせます。それぞれの指の正しい位置を意識しながら持ち、書いてみます。

　腕をしっかり回して、よく動かしたり、最後の部分をよく見て元につなげたりなど、力を調整しながら書くことを伝えます。

準備 鉛筆　※初めて使う鉛筆は、三角鉛筆（4B）がおすすめ
※とがらせすぎないようにする

① 親指と人さし指で鉛筆を軽くつまむ

鉛筆を持つほうの手を出して、親指と人差し指で軽くつまんで持ちます。つまむ場所は、鉛筆を削ってあるところより少し上の場所です。

> 親指と人さし指で
> 鉛筆を
> つまみましょう

② ほかの3本の指で下から支える

中指、薬指、小指と順番に鉛筆を下から支えるようにします。

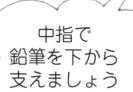

> 中指で
> 鉛筆を下から
> 支えましょう

③ 親指と人さし指の間に鉛筆をのせる

親指と人さし指の間のくぼみに鉛筆をのせます。

◆ 鉛筆を落としたり、
たたいたりと乱暴
に扱うと、芯が折れ
てしまうことを伝
える。

◆ 消しゴムはつかわ
ず、書くことを大事
にする。

◆ 書いたものを残し
ておき、上達を確認
する。

薬指、小指と順番に
軽く曲げて、中指を下から
支えましょう

親指と人さし指の
間のくぼみに
鉛筆をかつがせ
ましょう

色鉛筆を持つときも
同じですよ

空中に指で丸を描く

声に合わせて、みんなで一緒に描きます。

大きな丸は、大きく腕を
まわしてグールリン

小さな丸は、そーっと
やさしくクルリン

大きなま〜る

小さなま〜る

◆ 言葉や体全体の動き
などで、丸のイメージ
をとらえ、楽しく表現
する。

最後はきちんと
閉じましょう

目の前で
描いてみましょう

紙面に大きな丸、小さな丸を描く

実際に鉛筆を持ち、正しい姿勢で、紙に丸を描きます。

紙いっぱいに
大きな丸を
描いてみましょう

大きくね。でも、
はみ出さないでね

しっかり紙を
押さえてね

◆ 一人ひとりの鉛筆の
持ち方や姿勢を確認
してまわる。

◆ 「ま〜る」「まる」「く
るっ」などと声をかけ
る。

◆ 片手が机の上に出て
いない子どもには、
そっと手をもって紙
の上にのせる。

元気な丸が
描けたね

今度は小さい丸を
描いてみましょう

自分の名前を書いてみる

　文字は意味のある言葉を伝えるものです。あいうえお表を見てひらがなを書くことを目指すのではなく、まず自分の名前を正しく自信をもって書けることを目標にします。

　自分の名前を目にすること、読めるようになること、書けるようになることは、いちばん身近で必要とされることです。ここから家族の名前、親しみのある言葉へと広がっていきます。

準備　最初はマス目のある紙①を用意します。一文字ずつ形を意識して書く練習を進めていきます。その後、枠の中②にバランスよく書くことを身につけていきます。

◆ 小学1年生用の市販のノート（8〜10マス）を利用してもよい。

◆ 縦書きから始めると文字のバランスがとりやすく、鉛筆の動かし方など、スムーズに取り組みやすい。

② ①

◆ 氏名は苗字と下の名前に分かれるが、下の名前が書けるようになってから苗字に取り組む。

お手本を用意します。保育者が子どもの名前を書く際は、p.83のあいうえお表を参考に、正しい文字で書きましょう。

① 手本をよく見る

線になっているところ、丸くなっているところなど、形のおもしろさを取り上げながら、全体をよく見て形に意識が向くようにします。

> どんな形か
> よく見てね

> お手本を
> よく見ましょう

② 手本をなぞる

はじめは指で、次に鉛筆でなぞります。

> 鉛筆で
> なぞってごらん。
> ていねいにね

> よく見てね

> 書きはじめるところを
> しっかり見てね

Point

◆ 全体の形をよく見てとらえると同時に、正しい書き順を大切にしながら進めていく。

◆ 大人も正しい書き順を忘れていることがある。この機会に確認しよう。

③ 正しい姿勢、持ち方で書く。

世界に一つだけの自分の名前を心を込めて書きます。

指先に力を入れすぎないで
書きましょう

ゆっくり、
ていねいにね

◆ 大きく息を吸ったり
吐いたり、呼吸を整え
ながら、心を落ち着か
せて一文字ずつ取り
組む。

姿勢、書き順に
気をつけてね

あわてなくて
いいよ

お	え	う	い	あ
こ	け	く	き	か
そ	せ	す	し	さ
と	て	つ	ち	た
の	ね	ぬ	に	な
ほ	へ	ふ	ひ	は
も	め	む	み	ま
よ		ゆ		や
ろ	れ	る	り	ら
ん		を		わ

column

教材案内

　本書で紹介した「就学準備」は、折り紙、画用紙など身近な教材を使った実践例をご案内しています。

　また、当社では以下のようなワークブックもご用意しています。

* くわしくは HP をご覧ください。http://www.child.co.jp/p_kyouzai.html

3章

保育者の心構え

❶ 静かに話を聞く環境をつくる

話を聞くためには、クラス全体が静かにして、保育者に注目することが大切です。子どもたちが安心しておだやかな気持ちで話に集中できるように、静かな環境をつくります。

子どもたちに向かって大きな声で「静かにしなさい！」と言っても、前の活動や遊びを引きずっている子どもの気持ちは急には変えられません。ときには、手遊びや読み聞かせなどで気持ちを切り替える工夫も必要です。

また、保育者同士の会話にも気をつけます。たとえ必要な打ち合わせ事項などの会話であっても、声の大きさや態度、表情によって、せっかくの静かな環境が乱されてしまうことがあります。

Point

◆ 保育者の大きな声で一時的に静かになったとしても、それは子どもたちの「学び」ではない。

◆ 就学までには、保育者が前に立ったら話を聞く態度をとることができるよう、意識をつくっていく。

みんなの目が、しっかり先生に集まりましたね

先生も早くお話したい気持ちになりました

② 子どもたちが気づくまで待つ時間をとる

　保育者は子どもの前に座り、子どもたちにしてほしいよい姿勢をして待ちます。はじめのうちは椅子がなくても座っているような姿勢で手を膝にのせて背筋を伸ばします。このようにしていると、それを見て気づき、まねをする子どもが出てくるでしょう。その子に対して、笑顔で、「そう、よく気づいたわね」と心で語りかけながら、アイコンタクトで合図をします。この気づきにより、子どもたちの意識は変わっていきます。

今日はみんなが
気づくまで、
待ってみようかな

◆ 1回で結果を求めない。日々くり返すことで着実に身についていく。

◆ 日々の活動予定が多いと少しでも早く次の活動に移行しようと考えがち。子どもたちが自分で気づくことに時間を使うことが大切。

❸ 集中するタイミングを見逃さない

子どもたち全体が保育者に注目し、ふと静かになる瞬間があります。そのタイミングを見逃さず、子どもたちの集中が途切れないように静かなやさしい声で話し始めます。子どもたち全体を見渡し、一人ひとりの目をしっかり見つめることを意識しましょう。

子どもたちの集中できる時間は、限られています。たとえば、本題の前に行儀のことを長々と話していると、それだけで集中力を使い切ってしまいます。話す順、時間も考慮しましょう。

静かな環境のなかでは、必要以上に元気で大きな声はいりません。はっきりした発音、落ち着いた声で話したほうが集中力が続き、話の内容がよく伝わります。

先生のお話を
聞きたいと思って、
待っていてくれたのね

Point

このような時間をくり返すことでだんだん集中時間が長くなる。毎日通う園だからこそできる習慣づくり。

声だけでなく、表情や身振りで子どもたちの心をとらえましょう。

④ 一度にたくさんの指示をしない

　子どもたちに説明するときは、シンプルにわかりやすく、ゆっくり話します。

　指示を出すときは、最初のころは、一つずつていねいに伝えます。一つ説明して行動に移し、保育者はそれを確認してから、また次の説明をします。これをくり返していきます。

　一度にたくさんの指示を出すと、何から取り組んだらよいのか手順がわからなくなったり、覚えきれなかったりします。また、一つのことを理解できないまま、話が進んでしまうとやる気がなくなってしまうことになります。

　子どもたちの理解の実態を把握しながら、少しずつ指示を増やしていきましょう。

言葉かけの例

これからお手紙を配ります　………▷ 手紙を受け取る。

お手紙をかばんに入れてください　………▷ かばんに入れる。

そのまま座って待っていてください　………▷ 座って待つ。

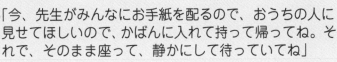

「今、先生がみんなにお手紙を配るので、おうちの人に見せてほしいので、かばんに入れて持って帰ってね。それで、そのまま座って、静かにして待っていてね」

Point

まずは、子どもが言われたことを理解してそのとおりに行動できるようにすることが大切。

⑤ 正しい言葉を使う

　クラス全体に向けて話をするときには、子どもたちの手本となるよう、正しくきれいな日本語を話しましょう。

　幼児期は、たくさんの言葉を習得する大事な時期です。耳で聞いた言葉をそのまま覚えます。そして、小学校では、それを文字にしていきます。子どもたちが正しい言葉、美しい日本語を覚えられるように意識しましょう。

Point

■ 言葉づかいの例

○ おおきい

✕ おっきい　でっかい　でか！

○ ちいさい

✕ ちっちゃい　ちいさ！

はやり言葉を多用する

◆ 大好きな先生の話し方は、子どもたちにとくに大きな影響を与える。手本となる話し方を心がけたい。

❻ 無駄な言葉をはさまない

クラス全体に話をするときには、無駄な言葉をはさまないようにします。たとえば、「えっと」「あの」「じゃあねえ」「それでね」「うんとね」など、自分では無意識にくり返し使っている言葉があるものです。聞いている側からは、大変聞きにくく、耳ざわりな言葉になり、大切な話の内容が伝わりにくくなります。

言葉がけの例

○ 運動会がもうすぐありますね。今から、運動会のことで大切なお話があります

✕ えっとね。今日は運動会のね、えー、お話をね。えっと、みんなにね、聞いてもらいたいことがね、あってね

Point

◆ 話し方のくせは自分ではわかりにくいので、保育者同士確認し合う機会をもつとよい。

◆ 短い言葉で正確に伝える。
ひとりごと、心のつぶやきを声に出さない。

7 話すときは「間」を大切にする

保育者は、話すときの「間」を大切にします。子どもたちが話を聞き、考え、理解する時間をつくりましょう。単調に話を進めるのではなく、子どもの顔をよく見て、理解できているかどうかを確かめながら、ゆっくりと話を進めていきます。

こうした「間」は、子どもが次は何だろうと期待して、心の準備をする時間にもなります。長すぎず短すぎず、ほどよい「間」を大切にしていきましょう。

Point

◆ 早口にならないように気をつける。

◆ 子どもたちが見渡せる場所を選び、姿勢正しく座る。

⑧ 言葉の意味が理解できるように話す

たとえば、「覚える」という言葉の意味を、子どもたちは、まだよく理解できていない場合があります。保育者が「覚えてね」と言うだけでは伝わらないこともあるのです。そこで、「心で思っていてね」「忘れないでね」などといろいろな表現を使って伝えていきます。そうすることで、子どもたちは「覚える」という言葉の意味を感覚的に理解していきます。

心で思っていてね

いま先生が言ったことよく覚えておいてね

Point

◆ 「考える」などの言葉も、「考えてね」と言うだけでなく、「あれかな、これかなと思い出してみて」「いい方法があるかな」など言い方を変えてみる。

◆ 「記憶するゲーム」を取り入れ、「覚える」ことを楽しむ。子どもは遊びながら、「感覚」を通してその言葉の意味を理解していく。

❾ 生活に結びつく言葉は、積極的に取り入れる

　子ども同士の会話では、簡単な言葉だけでも伝わってしまうので、語彙数が増えにくくなります。語彙数を増やして表現力を豊かにするために、保育者が意識して生活のなかでいろいろな言葉を使うようにする必要があります。

　子どもは、生活しながら言葉の意味を理解していきます。説明するのではなく、いろいろな言葉を使う、言い換えるなど工夫しましょう。

Point

◆ 椅子に座る＝椅子にかける＝腰かける

◆ 急須や湯のみ、ほうきなど、最近の家庭ではあまり見られなくなった言葉も折にふれて伝える。

⑩ 考える機会をたくさんつくる

「教える」のではなく、子どもの気づきを大切にします。疑問形で投げかけて考える機会を多くつくります。すると、自分で思いついたことや理解したことを伝えたいと思う気持ちから、話し方の工夫をしたり、考えたりするようになります。

具体的には、保育者が答えを言ってしまうのではなく、「どうしたらいい？」「何かいい方法はないかしら」「どう思う？」「あら、困ったわね」など、子どもたちから答えを引き出すように尋ねます。

問いかけるとき

○○って何かしら

先生に教えて

こんなとき、どうしたらいいと思う？

子どもが答えたら

教えてくれてありがとう

そうなのよ、よく知ってるね

Point

◆子どもの答えに対して、保育者が表情豊かに驚いたり、喜んだりし、考えて発言したことへの感謝を伝える。

⓫ 子どもの発言をよく聞く

　子どもが問いかけに答えたら、その答えが質問の意図と違っていたり、ずれていたりしてもいきなり否定せず、まずは、その子が自分の考えを伝えられたことを認めて受け止めましょう。

　「ありがとう」「よく考えたね」と伝え、そのうえで、言葉を変えたり、再度尋ねたりすることで、もう一度考える機会をつくります。

　発言することを恥ずかしいと思う子や緊張する子もいます。発言しないのはわかっていないのではなく、わかっていても発言しないこともあるということを保育者が理解して接していきましょう。経験は自信につながり、発言することにも慣れていきます。いろいろな方法で発言する機会をつくり、経験を積んでいくようにします。

Point

◆ 幼児期は言葉の理解が完全ではないことを意識する。

◆ 語彙数が少ない幼児が、表現しようとする姿を見守る。

◆ 話している子どもの目をしっかり見て、受け止める。

▍言葉がけの例

よく考えたね

ほかに思いつく答えはある？

あのね…

⑫ 努力を認める

子どもたちが何かを達成したとき、最後までがんばって
やり通したことを認めて努力をたたえます。また、意見を言
えたときは、「言ってくれてありがとう」とまず認めます。

そうすると「がんばるとほめられる」「また発言しよう」
など、惜しみなく努力するようになります。

Point

■言葉がけの例

いい考えだね

先生も同じこと考えてた！

みんなにも○○ちゃんの考えを
教えてあげてくれる？

先生、知らなかった。
教えてくれてありがとう

保育者は表情豊かに
伝えよう。

一生懸命に
考えているのが
よくわかるよ

⓭ 伝え方を考える

子どもに何かを伝えたいとき、頭ごなしに言っても伝わりません。指図したり、命令するような口調も必要ありません。

子どものしたことを諭すときにも、おだやかに落ち着いて話しましょう。保育者が大きな声でどなると、子どもには「怖い」という気持ちが残るだけです。なぜ叱られたのか理解できなくては意味がありません。大人の感覚ではなく、子どもの気持ちを受け止め、寄り添ってていねいに伝えていきます。

Point

◆ いつでも感謝の気持ちをもって子どもに接すれば、おのずと伝え方は変わってくる。

◆ 一方的に伝えるだけでなく、子どもの気持ちをよく聞いて受け止め、対応することが大切。

◆ 「危ないこと」「人の迷惑になること」などは、その場でしっかり話し、理解させる。

どうしてこうなっちゃったのかしら？

どうして〇〇しちゃったの。いつも言っているでしょ！ 聞いてなかったの？

⑭ 子どもの目線を意識する

　子どもたちが椅子に座っていて、保育者が話や説明をするのに前に立つときは、子どもの目線をよく考えます。小さな子どもたちが首を上に向けて保育者の話を聞くのは、姿勢も悪くなり、話に集中できません。子どもが見上げずにすむよう、距離をしっかり保つようにします。

　また、製作の見本を見せるときや紙芝居を読むときなどは、見せたいものを子どもたちの目線まで下げます。

　円になって座っているときには、保育者も椅子に座り、子どもと同じ高さになることも大切です。

Point

◆ 部屋の広さや形によって、机や椅子の配置を工夫する。

子ども一人ひとりの表情がよくわかる。

⑮ 焦らず、根気よく取り組む

　何かを身につけるときには、結果を焦ってはいけません。短期間で身につくこともあれば、1年かかることもあります。日々の生活のなかで、毎日根気よく取り組むことが大切です。

　年齢や発達に応じて、「少しずつ」「だんだんに」身につけていくよう、諦めずに続けていきましょう。

Point

おはよう
ございます

挨拶がしっかり
できるように
なったね

◆　子どもの成長・発達には個人差がある。一人ひとりの成長を受け止め、ともに喜びながら取り組んでいく。

16 園での生活を就学の準備に

　幼いころから継続して通い、長時間過ごす園だからこそ、集団生活の大切なきまりを知る機会、実感する場面にたくさん出合います。就学に向け、生活のルールをしっかり身につけることができるように、保育者は積極的に取り組みましょう。

▌言葉がけの例

今は何をする時間かな？

あとでたくさん遊ぼうね

椅子にしっかり腰かけて、
足をまっすぐおろしましょう

座り方が悪いと、
ひっくり返って危ないよ

Point

◆ 年齢に合った育ちを積み重ねていくためには、日々保育者が意識してかかわることが大切。

環境を通して、小学校生活への期待をふくらませる

　就学準備の集大成として、ときには小学校を意識した環境づくりをしてみます。保育者はエプロンをはずしたり、スカートをはくなど、ふだんの保育とは違う服装をしてみてはどうでしょうか。

　また、小学校のように机を正面に向けて2人がけにするなど、座り方を工夫してみてもよいでしょう。そして、子どもを幼児扱いせず「お兄さん、お姉さん」として接してみます。すると、子どもはあらたまった気持ちで、小学生になった気分になります。

　こうした場面を経験することで、小学校生活への期待がふくらんでいくことでしょう。

4章

園としての取り組み

●「選ばれる園」としての就学準備

　序章において、家庭や地域の教育力が低下しているなかで、「就学準備」が園に期待されていると述べました。

　子どもは1日のうち、多くの時間を園で過ごします。いろいろな保育者や友だちと出会い、家庭では得ることのできない経験をたくさん重ねていきます。子どもが園から受ける影響の大きさは計り知れません。その園で「就学準備」を実践することは、とても大きな意味があります。

　卒園児の評判がよい園は存在します。保護者から「選ばれる園」になるために、優れた「就学準備」は、必要不可欠な実践だといえるでしょう。

● 園の考え方を整理する

　現状では、どのような「就学準備」を実践するべきか、方針が定まっていない園も多いようです。

　最近は、小規模園を含め新しい園が次々と設立され、保育者の異動・転職が増えているのも現場の混乱に拍車をかけています。

　その結果、園としての方針が定まらないまま、それぞれの保育者が自分なりのやり方で「就学準備」を実践している例も少なくありません。

　子どもにとっては、以前のクラスで言われていたことと今年のクラスで言われることが違う、ということにもなりかねません。「前の先生は、幼児のうちは文字など書けなくてよいと言っていたのに、今度の先生は文字の練習をさせるようになった」など極端な例もあるといいます。これでは、子どもも保護者も戸惑うばかりです。

　こうしたなかで「選ばれる園」としての「就学準備」を実践するためには、園の方針をきちんと整理する必要があります。

　園全体の連携をとりましょう。

● 園全体で共有する

　「子どもにこう育ってほしい」「こんな姿で子どもに卒園してほしい」という子ども像を明らかにし、園全体で共有することから始めます。

　これまで「就学準備」というと、5歳児クラスの担任以外はあまり関心をもたないことが一般的でした。が、子どもの育ちは連続しています。5歳児クラスになって「就学準備」を意識するのでは遅すぎます。3・4歳児クラスはもちろん、0歳児クラスであっても、同じ目標に向かって保育をおこなう必要があるのです。

　一人ひとりの子どもの成長や抱える課題について年齢を追い、長い目でとらえることで、着実な成長がよく見えてくるはずです。

●保育者が学ぶ機会をつくる

　園として、園内外の研修の機会を設け、すべての保育者が「就学準備」について学べるようにしてください。就学準備の考え方はもちろん、具体的な方法について新しい情報を取り入れましょう。

　また、外部から学ぶばかりでなく、保育者同士が情報交換し、互いにレベルアップしていく雰囲気をつくることも大切です。

column

どのクラスにも共通するプログラムを

　園としてどのクラスも同じプログラムで「朝の会」をおこなうことをおすすめします。

　登園したら、朝の支度、自由遊びをし、一定の時間になったら片づけをして「朝の会」を始めます。

　右に示したものはプログラムの一例です。園の方針や保育内容によって、体操やダンスを組み入れるなど工夫しましょう（26~30 ページ参照）。

毎日

決まった
時間

全クラス

朝の会を
始めます

【プログラム例】

活動	実践	ポイント
準備	● 椅子を並べる ● 座る	
気持ちを落ち着かせる	● 静かにする	＊「お眠り」の音楽を決める（子守歌など静かな曲）
出席をとる	●「はい」と手をあげて返事をする ● お休みの人がいるときは「お休みです」とみんなで言う	＊ フルネームで全員の名前を呼ぶ
挨拶	● その場に立って「おはようございます」と挨拶をする（18ページ参照）	＊ 先生も子どもたちの前に立ち、しっかりお辞儀をして挨拶をする
歌	● きれいなやさしい声でうたう ● 毎月の歌を決めるなど、しっかり覚えてうたえるように取り組む	＊ 童謡には日本のきれいな言葉がたくさん含まれているのでおすすめ ＊ 歌詞の先読みをしながら、くり返し歌うことで覚える
生活発表	● 具体的な実践とポイントについては67〜68ページ、72〜73ページを参照	

memo

●編著者プロフィール

【編著】
相澤妙子（あいざわたえこ）・株式会社チャイルド社幼児教育部

幼稚園教諭・保育士
雙葉学園・日本女子体育短期大学保育科卒業。枝光会附属幼稚園に勤務後、ジャック幼児教育研究所非常勤講師、保育士、（株）チャイルド社幼児教育部認定講師を経て、現在は、（株）チャイルド社幼児教育部に在籍。就学準備「ちゃいるどすてっぷ」担当。ワークブック「ぶどうのき」作成。保育者研修、セミナー講師として活躍。3児の母。

谷口康子（たにぐちやすこ）・株式会社チャイルド社幼児教育部

小学校教諭・幼稚園教諭
松山市立石井小学校にて小学校教諭として1・2年生を担任後、愛媛大学教育学部附属幼稚園に文部教官教諭として赴任。現在は、（株）チャイルド社幼児教育部認定講師、就学準備「ちゃいるどすてっぷ」カリキュラム作成、講師育成、ワークブック「ぶどうのき」作成、保育者研修などを担当。2児の母。

【監修】
柴田豊幸（しばたとよゆき）

株式会社チャイルド社 代表取締役社長
青山学院大学卒業後、第一勧業銀行（現みずほ銀行）を経て1977年に（株）チャイルド社に入社。1990～1996年には越谷保育専門学校の講師を務める。子どもや園のことを系統的に学ぶため、2011年保育士資格を取得。現在は、（株）チャイルド社・（株）幼保経営サービス・彩兒島有限公司（香港）・彩兒島幼教産品有限公司（北京）などの代表取締役社長、（株）三恭（保育園パピーナ8園を運営）総園長を務める。社会福祉法人はじめ会 高の葉保育園理事長、杉並区子ども子育て会議委員、杉並社会福祉協議会理事。チャイルド社の『選ばれる園シリーズ』では企画監修を務め、主な著書に、『選ばれる園になるための保育者研修』（チャイルド社、共著）、『選ばれる園になるための実践マニュアル』（幼保経営サービス、共著）、『あなたを悩ます 話してもわからない人』『やさしいあなたが苦しまないための非常識クレームへの対応法』（幻冬舎、共著）ほか多数。

【協力】
株式会社 チャイルド社幼児教育部

選ばれる園になるための
小学校までに育ってほしい学びの姿

2017 年 10 月 20 日　初版発行
2024 年 2 月 1 日　第 2 刷発行

編　　著：相澤妙子・谷口康子
監　　修：柴田豊幸
協　　力：㈱チャイルド社幼児教育部
装丁・デザイン：ベラビスタスタジオ
イラスト：佐藤道子
校　　正：安久都淳子
編　　集：こんぺいとぷらねっと

発 行 者：柴田豊幸
発 行 所：株式会社チャイルド社
　　　　　〒 167-0052　東京都杉並区南荻窪 4-39-11
　　　　　TEL 03-3333-5105
　　　　　http://www.child.co.jp/
印刷・製本所：カシヨ株式会社